KB205714

# 5대 솔라 성경공부 3

### 개혁주의생명신학 선언문

**오직 믿음**

지은이 **장 종 현**

장종현 박사는 충남 아산시 영인면 성내리 안골에서 농부의 아들로 태어났습니다. 중학교 3학년 때 예수님을 영접한 이후 무릎 꿇고 받은 사명을 감당하기 위해 1976년 11월 1일 "진리가 너희를 자유케 하리라"(요 8:32)는 말씀을 붙잡고 백석학원(백석대학교, 백석문화대학교, 백석예술대학교, 백석대학교평생교육신학원)과 기독교연합신문사를 설립했습니다.

그는 백석학원이 세상에 존재하는 또 하나의 대학이 아니라 오직 하나님의 말씀에 의해서 사람을 변화시키고 영적 생명을 살리는 기독교 대학을 세우기 위해 일평생 헌신하고 있습니다. 그는 개혁주의 5대 표어를 생명처럼 여기면서 신학이 학문으로 전락해서는 안 되고 그리스도의 생명이어야 한다는 것을 깊이 깨닫고 개혁주의생명신학을 주창했습니다. 개혁주의생명신학은 개혁주의신학을 실천하는 운동입니다. 본서는 5대 솔라를 현재의 의미로 재해석해 삶 속에서 적용하도록 안내하는 성경공부 교재입니다.

오직 하나님께 영광!

백석연구소 총서 6-3

# 5대 솔라 성경공부 3

**개혁주의생명신학 선언문 : 오직 믿음**

**발행일** 2020년 10월 31일 초판 1쇄
**지은이** 장종현
**발행처** 백석정신아카데미
　　　　충청남도 천안시 동남구 문암로 76
　　　　전화: 041)550-2090  팩스: 041)550-0450
**문제출제** 양종래(백석대학교 기독교학부)
**펴낸곳** 기독교연합신문사(도서출판 UCN)
　　　　등록번호: 제21-347호  등록일자: 1992년 6월 28일
　　　　주소: 서울특별시 서초구 남부순환로 2221 5층
　　　　전화: 02)585-0812  팩스: 02)585-6683
　　　　전자우편: ucndesign@naver.com
**디자인·인쇄** 기독교연합신문사 디자인실
**ISBN** 978-89-6006-918-3  93230

# 5대 솔라 성경공부 3

## 개혁주의생명신학 선언문

**오직 믿음**

장종현 지음

도서
출판

# 3. 오직 믿음

# 교회와 세상을 변화시키는 개혁주의 5대 솔라

　500여 년 전 중세교회는 교황의 권위와 교회의 전통을 성경 위에 두는 죄를 범했습니다. 종교개혁자들은 이러한 잘못된 가르침에 맞서서 '5대 솔라'의 신앙원리를 정립했습니다. '5대 솔라'는 '오직 성경', '오직 그리스도', '오직 믿음', '오직 은혜', '오직 하나님께 영광'입니다. 이는 성경에 근거한 가르침으로, 개혁주의신학(Reformed Theology)의 핵심입니다. 그러나 오늘의 개혁주의신학은 종교개혁의 정신을 잃어버렸습니다. 학문과 교리는 붙들면서도 말씀에 순종하는 삶은 소홀히 함으로 복음의 생명력을 약화시켰습니다. 참된 신학은 성령의 도우심으로 하나님과 예수 그리스도를 인격적으로 아는 것입니다. 성령의 인도하심을 받지 않는 신학에는 예수 그리스도의 생명이 없습니다. 신학은 학문이 아닙니다. 예수 그리스도의 생명의 복음입니다.

　개혁주의신학이 예수 그리스도의 생명을 회복하도록 우리는 '개혁주의생명신학'(Reformed Life Theology)을 주창하고 실천해 왔습니다. 이는 새로운 신학이 아닙니다. 개혁주의생명신학은 교회와 세상을 말씀에 비추어 보아 그릇된 것은 바로잡고 올바른 것은 계승하는 개혁주의신학을 따릅니다. 개혁주의생명신학은 하나님의 말씀 가운데 나타나는 예수 그리스도의 생명의 역사가 회복되기를 소망합니다. 이를 위해 성령의 인도하심을 따라 먼저 자신을 말씀과 기도 가운데 개혁하고, 교회를 예수 그리스도의 생명으로 새롭게 하며, 세상을 예수 그리스도의 복음과 사랑으로 변화시키려 합니다.

우리 총회와 백석학원은 종교개혁 500주년을 맞이하여 새로운 각오와 결단으로 하나님의 말씀인 성경을 근본으로 삼아 『개혁주의생명신학 선언문』(2017년)을 교회와 세상을 향해 내어놓았습니다. 『개혁주의생명신학 선언문』은 장로교를 비롯한 모든 교파들이 수용할 수 있는 '종교개혁의 5대 솔라'를 현재의 의미로 재해석하는 일에 많은 노력을 기울였습니다. 한국교회의 가장 큰 문제인 분열과 세속화를 성경 중심으로 해결할 수 있도록 한 것입니다. '종교개혁의 5대 솔라'는 500년 전에만 효력이 있었던 것이 아니라 성경을 기준으로 살아가는 오늘의 우리에게도 여전히 능력이 있으며, 참된 신앙의 원리임을 재발견하였습니다.

그것은 단지 종교개혁자들의 신앙을 대변하는 구호에 그치지 않고, 우리의 삶 가운데서 살아내야 할 하나님의 생명 있는 말씀임을 확인한 것입니다. 『개혁주의생명신학 선언문』은 무너져가는 한국교회를 16세기 종교개혁의 정신으로 다시 살려내기 위해 '개혁주의 5대 솔라'를 중점적으로 다루고 있습니다. 종교개혁 503주년을 맞이하면서『개혁주의생명신학 선언문』에서 명시하는 개혁주의 5대 솔라를 성도들이 쉽게 연구하면서 삶 속에 적용하기 위한 성경문제집을 발간합니다.

이번에 발간되는『5대 솔라 성경공부』(2020년)는 이미 출판된『백석학원의 설립정신』(2014년)과『개혁주의생명신학 선언문』(2017년),『개혁주의생명신학 7대 실천운동』(2018년)과 개혁주의생명신학 7대 실천운동을 다룬『생명을 살리는 성경공부』(2019)와 함께 '신학은 학문이 아니라 영적 생명을 살리는 복음이며, 나아가 교회와 세상을 변화시키는 마중물이 되어야 한다'는 개혁주의생명신학의 근본 취지를 드러내고 있습니다. 아무쪼록『5대 솔라 성경공부』(2020년)가 500여 년 전에 불같이 일어났던 종교개혁의 참된 정신을 회복하게 하는 불쏘시개가 되어 한국교회를 새롭게 하며, 생명을 살리는 진원지 역할을 감당하는 일에 조금이나마 도움이 되기를 바라는 마음을 담아 본 교재를 세상에 내놓습니다.

2020년 10월 31일
(종교개혁 503주년에 즈음하여)

백석대학교 · 백석문화대학교 · 백석예술대학교
백석대학교평생교육신학원 · 기독교연합신문사

**설립자 장종현 박사**

# 1

# 구원을 얻는 믿음

### 핵심 성경구절

> "너희는 그 은혜에 의하여 믿음으로 말미암아 구원을 받았으니 이것은 너희에게서 난 것이 아니요 하나님의 선물이라 행위에서 난 것이 아니니 이는 누구든지 자랑하지 못하게 함이라"(엡 2:8-9).

'오직 믿음'(sola fide)은 구원교리의 핵심인 '오직 예수 그리스도를 믿음으로 의롭게 된다'는 '이신칭의'(以信稱義)를 대변하는 말입니다. 16세기 종교 개혁자 루터와 칼빈은 인간이 구원받기 위해 '예수 그리스도에 대한 믿음 외에 선행도 필요하다'는 당대 중세교회의 주장에 반대했습니다. 루터는 이 교리를 '교회가 서기도 하고 넘어지게도 하는' 가장 중요한 교리로 보았습니다.

'오직 믿음'의 고백은 우리가 모두 죄인이며, 하나님의 심판 아래 있다는 사실을 받아들이는 것입니다. 또한 이 고백은 예수 그리스도가 하나님께서 인류에게 주신 유일한 구원자이며 중보자인 사실을 알고, 그분만을 신뢰함으로 그분을 통해서 죄와 사망에서 벗어나 의와 구원에 이르려는 신실한 자세입니다.

- 『개혁주의생명신학 선언문』, 77, 79.

## ○ 죽은 나사로를 살리신 예수님

우리나라로 따지면 서울쯤 되는 도시가 '예루살렘'인데 그 예루살렘에서 남동쪽, 여리고 가는 길을 따라 15스타디아(약 2.7km) 지점에 '대추마을'이라는 '베다니' 동네가 있습니다. AD 34년경 이 동네에는 나사로라는 사람이 마르다, 마리아라는 두 여동생과 함께 살고 있었습니다. 그런데 그 집의 가장이었던 나사로가 갑자기 병이 들어 삶과 죽음의 기로에 서게 되자 이들은 평소 자신들의 가족을 사랑하고 아껴 주시던 예수님께 이 소식을 알렸습니다. 하지만, 예수님은 공교롭게도 유대 동네를 떠나서 세례 요한이 세례를 베풀던 광야에 계셨습니다. 그런데 이 소식을 전해 들으시고도 무슨 일인지 예수님은 서둘러 오지 않으시고 이틀을 더 그곳에서 머무셨습니다. 그러는 사이에 나사로는 결국 죽고 말았습니다.

예수님이 머무셨던 유대 광야에서 베다니 마을까지는 2일 동안 꼬박 걸어야 도착할 수 있는 거리였습니다. 나사로에 대한 전갈을 받은 이틀 후 예수님은 제대로 쉬지도 않으시고 2일 동안 꼬박 걸어서 베다니에 도착하셨습니다. 하지만 나사로는 이미 죽어 장사를 지낸 지 4일이나 경과한 뒤였습니다. 아마도 오누이들이 예수님께 전갈을 보내고 난 직후 바로 사망한 것 같습니다. 예수님은 나사로의 무덤 앞으로 가셨습니다. 그리고 '죽은 지 나흘이 되어 냄새가 난다'는 마르다의 만류에도 불구하고 무덤 입구를 막아 놓은 돌을 옮기라고 하신 후에 그 죽은 나사로를 다시 살리셨습니다. 예수님께서 "나사로야 나오라"(요 11:43)고 말씀하시니 무덤 속에 있던 나사로가 베로 감싸인 채로 걸어 나왔습니다.

1. 인간의 '생명'과 '죽음'에 대하여 함께 생각해 봅시다. 인간은
   어떻게 '생명, 곧 살아있는 영(생령)'이 되었으며, 동시에 이런
   인간은 왜 반드시 죽어야만 합니까?(창 1:17, 2:7, 16-17)

하나님은 인간의 육체를 먼저 만드시고 거기에 '영'을 불어넣어
'살아 있는 영'(생명)이 되게 하셨습니다. 하나님의 형상과 모양대
로 창조된 존재였습니다. 하지만, 하나님의 명령을 불신앙하고
불순종하여 자신들의 허물과 죄로 죽을 수밖에 없는 존재로 변해
(타락) 버렸습니다.

### ○ 인간은 반드시 죽는 존재가 아니다

2. 생명의 존재였던 인간은 왜 죽음의 존재가 되었습니까?

창 2:16-17 ------------------------------------------------

------------------------------------------------

------------------------------------------------

**롬 1:32** ----------------------------------------------

------------------------------------------------------------

------------------------------------------------------------

인간은 반드시 죽는 존재가 아니라 생명의 존재로 창조되었습니다. 생명의 존재가 죽음의 존재가 된 것은 '한 사람' 아담, 곧 인류의 시조가 하나님의 명령에 불순종하여 죄를 범함으로 인간은 '죄의 성향'을 가지게 되었고, 이로 인해 모든 사람이 죽음의 존재가 되었습니다. 하나님을 알지 못하고 믿지 못하는 사람들은 죄 가운데 살아가고 있으며 죄를 짓고도 스스로 옳다 여기며 살아가고 있습니다.

3. 하나님을 믿는 유대인들이나 그리스도를 믿는 우리들은 어떻습니까? 하나님을 믿지 못하는 사람들과는 달리 '의인'이라고 말할 수 있나요?

**롬 2:23** ----------------------------------------------

------------------------------------------------------------

하나님을 믿고 하나님의 말씀, 곧 율법을 맡은 자로서 특권을 가졌던 유대인들은 오히려 그 율법의 말씀을 불순종함으로 죄 아래 빠졌고 저주 아래 있게 되었습니다.

**롬 3:9-10** .................................................................................................

................................................................................................................

................................................................................................................

로마서 3장 9절에 등장하는 '우리'는 로마서의 수신자들인 '로마에 살고 있던 그리스도인'입니다. 하나님을 믿지 않는 세상 사람들(헬라인)도, 하나님을 믿으며 율법을 가진 유대인도, 그리고 심지어 그리스도를 믿는 '우리'들까지도 모두 죄를 범하여 한 사람의 의인도 없다고 선언합니다. 무법자나 불신자들과 정도의 차이는 있겠지만, '율법' 아래에서는 다 '죄인'입니다.

> ○ 죽음은 불신앙 때문이요, 생명에 이른 것은 믿음 때문이다

4. 인간들은 왜 이렇게 죄 아래 있게 되었습니까? 모든 사람이 죄
   아래 있게 한 '한 사람'은 누구이며, 그가 저지른 '죄'가 무엇입
   니까?

롬 5:12 _____

_____

_____

창 3:6 _____

_____

_____

창세기 2장 16-17절을 염두에 두면 최초 인간들의 범죄는 표면적
으로 하나님의 말씀을 불순종한 것이지만, 불순종의 근본 원인은
'반드시 죽으리라'는 하나님의 말씀을 '믿지 않았기 때문'(불신앙)
입니다. 이 불신앙은 죄의 원인이며 핵심입니다. 불신앙에서 불

순종이 비롯되며 영원한 죽음에 떨어지게 만듭니다. 그 결과 '모든 사람이 영원한 사망'에 이르게 되었습니다.

**5. 우리가 불신앙으로 인해 죄에 빠져 죽었는데 구원의 길은 있나요?**

갈 2:16 _____

_____

_____

_____

롬 5:18-19 _____

_____

_____

'오직 예수 그리스도를 믿음으로'에 밑줄을 치고 '오직'이라는 말을 묵상해 봅시다. 구원의 '유일한 길'은 '오직 예수 그리스도를 믿음'입니다. 왜냐하면, 인간은 '한 사람(아담)의 불신앙으로 죄에 빠져 죽게 되었기에 '한 사람(예수 그리스도)의 죽기까지 순종하심'을 믿는(신앙) 인간은 '그 믿음으로 의롭다 함을 얻으며 이 믿음으로 구원'을 얻게 됩니다.

## ○ '오직 믿음'에 의한 구원은 하나님의 은혜의 선물

6. 그러면 예수님의 믿음의 순종이 어떻게 나의 구원이 됩니까?

엡 2:8-9 _____

_____

_____

벧전 1:18-19 _____

_____

_____

_____

우리의 구원은 내 공로의 대가가 아니라 하나님의 은혜로 말미암은 선물입니다. 율법 아래서 그 행위로 구원을 받을 사람이 없기에 하나님께서는 '오직 한 길'을 예비했습니다. 그 아들 그리스도 예수께서 모든 인간의 죄를 짊어지고 십자가에서 죽으심으로 그 죄의 형벌을 대신 받게 하셨으며, 그 죽음에서 다시 부활하심으로 그를 믿는 자들이 영생을 얻게 하셨습니다.

7. 그러면 예수님께서 이루신 대속이 오늘 나에게 어떻게 유효하게 되며, 나는 어떻게 하나님의 은혜의 선물을 받을 수 있을까요?

**롬 10:9** ⌐⌐⌐⌐⌐⌐⌐⌐⌐⌐⌐⌐⌐⌐⌐⌐⌐⌐⌐⌐⌐⌐⌐⌐⌐⌐⌐⌐⌐⌐⌐⌐⌐⌐⌐⌐⌐⌐⌐⌐⌐⌐⌐⌐⌐⌐⌐⌐⌐⌐

⌐⌐⌐⌐⌐⌐⌐⌐⌐⌐⌐⌐⌐⌐⌐⌐⌐⌐⌐⌐⌐⌐⌐⌐⌐⌐⌐⌐⌐⌐⌐⌐⌐⌐⌐⌐⌐⌐⌐⌐⌐⌐⌐⌐⌐⌐⌐⌐⌐⌐⌐⌐⌐⌐⌐⌐

**행 16: 31** ⌐⌐⌐⌐⌐⌐⌐⌐⌐⌐⌐⌐⌐⌐⌐⌐⌐⌐⌐⌐⌐⌐⌐⌐⌐⌐⌐⌐⌐⌐⌐⌐⌐⌐⌐⌐⌐⌐⌐⌐⌐⌐⌐⌐⌐⌐⌐⌐

⌐⌐⌐⌐⌐⌐⌐⌐⌐⌐⌐⌐⌐⌐⌐⌐⌐⌐⌐⌐⌐⌐⌐⌐⌐⌐⌐⌐⌐⌐⌐⌐⌐⌐⌐⌐⌐⌐⌐⌐⌐⌐⌐⌐⌐⌐⌐⌐⌐⌐⌐⌐⌐⌐⌐⌐

예수님께서 이루신 대속의 사역이 지금의 나를 구원하는 것은 내

# **01** 구원을 얻는 믿음

week

마음으로 예수님과 그 사건(복음의 말씀)을 믿고, 예수님을 '주로, 그리스도로' 고백하며 시인하면 예수님이 이루신 구원 사건이 나에게 유효하게 되어 구원을 얻습니다(행 4:12).

## 핵심 포인트

우리의 구원이 하나님의 은혜의 선물인 것은 '어린 양 같은 그리스도의 보배로운 피'로 대속되었기 때문입니다. 율법 아래서 그 행위로 구원을 받을 만한 육체는 한 사람도 없기에 하나님께서는 '오직 한 길'을 예비하셨습니다. 곧, 하나님의 독생자 예수 그리스도—하나님 앞에 온전하게 순종하신 흠과 점이 없는 외아들을 모든 사람들의 죄를 씻기 위한 대속물로 드려 십자가에서 죽게 하셨습니다. 이런 그리스도의 죽음과 부활을 믿는 모든 자를 단번에 구속하시고 구원하신 것입니다. 내가 오직 믿음으로 구원을 받았다면 이는 하나님의 은혜의 선물입니다. 그러므로 늘 그리스도의 보배로운 피를 기억하고 그 은혜 안에서 살아가야 합니다.

## 한 주간 기도

예수님을 믿어 값없이 구원해 주신 것을 감사합니다. 예수님을 믿고, 하나님의 말씀을 믿으며, 그 말씀에 순종하여 은혜 안에서 살게 하소서.

## 한 주간의 실천

| 말씀의 거울로 본 나의 삶 | 월 | 화 | 수 | 목 | 금 | 토 | 주일 |
|---|---|---|---|---|---|---|---|
| 1. 하나님의 말씀을 읽었는가? | | | | | | | |
| 2. 그 하나님의 말씀을 오늘 내게 주신 말씀으로 믿었는가? | | | | | | | |
| 3. 내게 말씀하신 바를 실천했는가? | | | | | | | |
| 4. 내가 행동을 통해 믿음을 고백할 수 있는 방법에는 어떤 것들이 있을까? | | | | | | | |
| 5. 예수님의 몸에 연합할 수 있는 방법에는 어떤 것들이 있을까? | | | | | | | |

# 2 의롭다 함을 받는 믿음

## 핵심 성경구절

> "사람이 의롭게 되는 것은 율법의 행위로 말미암음이 아니요 오직 예수 그리스도를 믿음으로 말미암는 줄 알므로 우리도 그리스도 예수를 믿나니 이는 우리가 율법의 행위로써가 아니고 그리스도를 믿음으로써 의롭다 함을 얻으려 함이라 율법의 행위로써는 의롭다 함을 얻을 육체가 없느니라"(갈 2:16).

칼빈에 따르면 칭의는 하나님께서 예수 그리스도를 믿는 자에게 그리스도의 의를 전가함으로 그의 죄를 용서하시고, 그를 의인으로 선언하시는 하나님의 은혜로운 법적 행위입니다. 그는 "사람이 믿음에 의해 의롭게 된다는 것은 행위의 의를 배제하고, 믿음을 통해 그리스도의 의를 붙잡는 것이요, 그리스도의 의로 옷 입는 것이요, 하나님의 면전에서 죄인이 아닌 의로운 사람으로 나타나는 것이다. 그러므로 우리는 칭의를 단순하게 말해서 하나님의 받으심, 곧 하나님께서 그의 은혜로 우리를 의로운 사람으로 영접하시는 것으로 설명하려고 한다. 이 칭의는 죄의 용서와 그리스도의 의의 전가로 이루어진다"(기독교강요 3.11.2).

- 『개혁주의생명신학 선언문』, 71.

## ○ 살인범인 동생 대신 죽은 형 이야기

1858년 경부터 시작된 중국인들의 미국 이민사를 보면 중국인 이민 1세대들이 미국에서 얼마나 많은 고통을 겪었는지 보여 주는 많은 자료들이 있다. 이 자료들을 살펴보면 중국인 이민자를 대상으로 하는 무수한 인권 침해와 범죄가 행해졌다는 사실을 짐작할 수 있다. 이런 열악한 상황 속에 살았던 한 중국인 형제가 있었다.

형은 매우 성실하게 사는 데 비하여 동생은 힘든 노동과 차별적인 환경을 견디지 못하고 술과 도박으로 번 돈을 탕진하는 삶을 살고 있었다. 하루는 이 동생이 도박을 하다가 돈을 다 잃게 되자 자기를 속이는 상대방에게 분을 참지 못하고 총으로 쏴 죽이고 말았다. 집으로 도망쳐 온 동생의 피 묻은 옷과 얼굴 표정을 통해 심상치 않은 사태를 짐작한 형이 동생에게 사건의 전말을 전해 듣고 동생의 옷을 갈아입히고 몇 푼의 돈을 쥐어서 뒷문으로 도망치게 하였다. 그리고 그는 뒤이어 들이닥친 경찰에게 체포되어 살인범으로 기소되었다. 들끓는 여론에 재판은 속전속결로 진행되었고, 체포된 형은 무시받던 중국 이민자로서 제대로 된 변호도 받지 못한 채 사형이 선고되어 형장의 이슬로 사라지고 말았다.

후일, 동생은 형에 대한 미안함과 양심의 가책을 이기지 못하고 경찰서에 가서 자신이 도박장 살인범이라고 자수를 하였다. 이로 인하여 죄 없는 형이 사형당한 사실이 알려졌지만 동생은 '일사부재리'(double jeopardy), 곧 '한 번 형벌을 받은 사람이 동일 범죄로 인해 다시 형벌을 받지 않는다'는 원칙과 동생을 살리고자 자신의 목숨을 내어 놓았던 형의 진심이 참작되어 기소유예로 다시 풀려나게 되었다.

1. 위의 경우를 생각하면서 예수 그리스도의 대속의 죽음과 재판
   장이신 하나님이 왜 '믿는 자'를 의롭다 여기시는지에 대하여
   의견을 나누어 보세요.

○ 의는 하나님의 명령을 지키는 것, 이를 판단하실 분은 하나님

2. 성경에서 죄와 의를 무엇이라고 말씀하십니까?

요일 3:4 ......................................................................

신 6:25 .......................................................................

......................................................................

......................................................................

  죄는 법을 어겨 선한 행동을 하지 않는 것(요일 5:17; 약 4:17), 믿
음대로 행동하지 않는 것(롬 14:23), 마음에 '예수님을 믿지 않는
것'(요 16:9), 마음에 악한 생각들(막 7:21)입니다. 또한 '화살이 표

적에서 벗어난 것' 같은 '거리적 개념'(관계)으로 하나님이 우리들의 표적(목표)인데 이 표적에서 벗어난 것이 '죄의 어원적 개념'입니다. 반면에 '의'는 하나님께서 우리들에게 명령하신 모든 것들을 지키며 그것이 우리들의 '의로움'이 됩니다(창 18:19).

3. 의와 불의, 의인과 죄인의 기준은 무엇이며 누가 이를 판단할 수 있습니까?

딤후 4:7-8

고전 4:3-4

인간은 자신들이 철저하게 죄에 빠졌기 때문에 의와 불의, 불법과 적법을 판단하는 기준이나 표준이 될 수 없습니다. 더 나아가 인간의 도덕적 가치관이나 문화, 세계관도 기준이 될 수 없습니다. 이것은 계속해서 변하기 때문입니다. 그러므로 우리를 판단하실 재판장은 오직 하나님 뿐이십니다(롬 8:33-34).

## ○ 하나님의 의로우심과 그분께 의롭다 함을 받는 사람

4. 하나님 앞에서 유일하게 의로우신 분은 누구십니까?

히 7:26 ----------------------------------------------------------

----------------------------------------------------------

히 4:15 ----------------------------------------------------------

----------------------------------------------------------

----------------------------------------------------------

----------------------------------------------------------

이 세상에 살아가는 모든 사람들은 다 죄를 지어 하나님의 영광에 이르지 못하였지만 하나님의 모든 명령, 모든 불문법과 성문법을 다 지켜 '의인이다'라고 불릴 수 있는 사람은 단 한 분 예수 그리스도뿐입니다.

## 5. 하나님으로부터 의롭다 함을 얻어 구원에 이를 수 있는 사람은 어떤 사람입니까?

갈 2:16

롬 4:3

오직 유일한 의인이신 예수 그리스도가 모든 죄인을 위해 대신 형벌을 받아 죽으심으로 그를 믿는 자들이 하나님으로부터 '의롭다 함'을 얻을 수 있습니다. 이는 일종의 법적 개념으로 '법적 동기(명분)를 얻는 것' 혹은 '유리한 판결과 정당성을 주는 것'의 의미가 있습니다. 즉, 한 의인이 모든 죄인들을 위해 대신 형벌을 받아 죽음으로 '일사부재리' 원칙에 의거 '형벌을 줄 죄'가 남아 있지 않으며, 이 때문에 재판장이신 하나님은 '믿는 자'를 의롭다 인정하시며, 죄의 형벌을 면제하여 구원에 이르는 '법적 명분을 얻게 되는 것'입니다.

---

### ○ 믿는 자는 그리스도와 연합으로 구원에 이른다

5. 하나님의 은혜로 구원을 얻는다는 것은 그리스도의 의와 대속을 전제로 합니다. 그리스도의 대속을 통한 죄의 용서(형벌의 면제)와 의의 인정을 설명해 봅시다.

빌 2:6-8 ................................................................................................

................................................................................................

---

**롬 6:5** ---

---

'믿음으로 의롭게 되는 것'(이신칭의)은 구원의 주님이신 그리스도와 연합한 '죄와 의의 전가'입니다. 우리가 그리스도와 연합하여 그리스도의 몸(의 지체)이 되면 하나님은 그리스도를 보시고 지체된 우리의 죄를 용서하시고 의롭다 인정해 주시는 것입니다.

6. 이신칭의를 통한 '죄의 용서'와 '의의 인정'은 나의 '선행'이나 나의 '믿음의 결단'과 같은 나의 공로가 필요한가요? 그렇지 않다면 왜 그렇습니까?

**고후 5:21** ---

---

---

**요일 4:10** ---------------------------------------------------------------

----------------------------------------------------------------------------

----------------------------------------------------------------------------

'돌아온 탕자'를 받아들이는 것은 전적으로 '아들에 대한 아버지의 사랑' 때문입니다. 마찬가지로, 끝없는 아버지 하나님의 사랑 때문에 독생자 예수를 화목제물로 삼으사 죄를 용서하시고, 의롭다 인정해 주십니다. 구원은 전적으로 '하나님의 은혜의 선물'입니다 (엡 2:8-9).

## ○ 믿는 자는 은혜로 산다

7. 믿는 자의 삶의 목표는 무엇이며, '그리스도의 은혜로 산다는 것'은 무엇일까요?

**히 12:2** ----------------------------------------------------------------

----------------------------------------------------------------------------

----------------------------------------------------------------------------

갈 2:20 ----------------------------------------------------------

----------------------------------------------------------

----------------------------------------------------------

----------------------------------------------------------

요즘 '이신칭의'를 정확히 이해 못하고 점점 '인간의 선행'을 강조합니다. '예수를 믿는 자들은 의롭게 살아야 한다'고 강조합니다. 하지만, 하나님께서 믿는 이들에게 요구하시는 것은 '착하게 사는 것'이 아니라 예수를 목표로 삼고, 연합하여 '은혜 안에 사는 것'입니다.

## 핵심 포인트

구원은 전적으로 의로우신 하나님이 우리에게 주시는 은혜의 선물을 통해서 이루어지는 것이기에 구원받은 우리는 착하게 사는 것(선행)이 아니라, 하나님의 은혜로 살아야 합니다. 은혜로 사는 삶은 포도나무이신 예수님께 붙어 있는 것(연합)이며, 이로 인해 '예수 생명의 선한 열매'가 자연스레 맺혀지는 것입니다. 은혜 안의 삶은 또한 그리스도의 모방자로서의 삶으로 늘 그리스도를 바라보면서 그분의 생각, 행동, 비전을 닮아가는 것입니다.

## 한 주간 기도

예수님을 믿음으로 죄를 용서해 주시고, 의롭다 인정하여 주신 것을 감사합니다. 의로운 재판장이신 우리 하나님으로부터 의의 면류관을 받게 하소서. 예수님 이름으로 기도합니다.

### 한 주간의 실천

| 말씀의 거울로 본 나의 삶 | 월 | 화 | 수 | 목 | 금 | 토 | 주일 |
|---|---|---|---|---|---|---|---|
| 1. 하나님의 말씀을 읽고 믿었는가? | | | | | | | |
| 2. 예수님이 베푸신 구원의 은혜를 감사하며 살았는가? | | | | | | | |
| 3. 구원의 은혜 속에서 살았는가? | | | | | | | |
| 4. 믿음으로 의롭다 함을 얻은 우리가 그 '의'의 성숙한 분량에 이르도록 힘썼는가? | | | | | | | |
| 5. 오늘 삶의 순간순간에 어떻게 해야 은혜로 사는 것이었는지 서술해 보자. | | | | | | | |

# 3

# 순종하는 믿음

## 핵심 성경구절

"너희 자신을 종으로 내주어 누구에게 순종하든지 그 순종
함을 받는 자의 종이 되는 줄을 너희가 알지 못하느냐 혹은
죄의 종으로 사망에 이르고 혹은 순종의 종으로 의에 이르
느니라"(롬 6:16).

구원은 우리의 어떤 공로나 자격 때문이 아니라 '오직 믿음'으로 우리에게 주
어진 것이기에 우리의 삶 속에서 반드시 순종의 열매가 있어야 합니다. 우리
가 믿음으로 받은 구원은 행함을 수반합니다. 개혁주의생명신학은 "행함이
없는 믿음은 죽은 믿음"(약 2:17)임을 강조합니다. 우리의 행함이 구원의 그
어떤 근거나 자격 요건이 되어서는 안 되지만, 그 믿음은 반드시 행함을 수반
해야 합니다. 우리는 개혁주의생명신학을 통하여 우리가 구원받는 것도 '오
직 믿음'으로 되는 것이며, 구원받은 이후 우리의 변화된 삶도 믿음과 성령을
떠나서 이루어질 수 없음을 믿습니다.

- 『개혁주의생명신학 선언문』, 85-86.

## ○ 주님을 따르지 않는 '회심자'들

비행기 옆 자리에 앉은 사람이 내가 성경을 읽고 있는 것을 보고는 이렇게 물었다. "실례합니다만, 제가 어떻게 해야 예수 그리스도와 개인적인 관계를 맺을 수 있는지 선생님께서 알고 계십니까?" 이토록 확실하게 준비된 사람을 만나기란 흔치 않은 일이었다. 나는 우리가 영원한 생명을 얻을 수 있도록 하기 위해 예수님이 죽으시고 부활하셨다는 것을 설명했고, 그리스도를 자신의 개인적인 구주로 영접하는 데 필요한 모든 것을 말해 주었다. "그렇게 하기를 원합니다" 하고 그는 말했다. 그래서 나는 그가 기도할 수 있도록 인도해 주었다. 나는 몹시 기뻤으며, 열심히 그를 제자로 양육했다. 하지만 얼마 지나지 않아서 그는 나를 만나려 하지 않았다. 최근에 나는 그가 그리스도와 관련된 것에 대해 더 이상 관심을 보이지 않는다는 사실을 발견했다.

무엇이 문제인가? 왜 이와 같은 일들이 종종 일어나는가? 정규적으로 전도하는 사람들은 대부분 사람들이 신앙을 고백하게 하는 일이 상대적으로 쉽다는 사실을 시인한다. 나아가 그들이 주님을 따르게 하는 일은 그보다 훨씬 더 어려워, 그 일에는 실패한 이들이 많이 있다. 우리 모두는 순간적으로 열정에 싸여 구원받은 것처럼 보이지만, 주님을 따르지는 않는 '회심자'들이 있는 것을 알고 있다. … 심리적인 안정만을 제공하고 죄로부터 돌아서는 일이나 그리스도의 주님 되심을 인정할 것을 요구하지 않는 메시지는 구원하지 못하는 거짓 복음이다. 예수 그리스도께 오려는 사람은 반드시 그분의 말씀에 순종해야 한다. 그것은 그분이 첫째 가는 우선권을 차지하셔야 하며, 우리 삶의 으뜸가는 주인이 되셔야 한다는 의미이다. [존 맥아더, 『구원 얻는 믿음이란 무엇인가』(여수룬)]

1. 그리스도를 믿는다고 고백하면서도 행동에는 전혀 변화가 없는 사람이 구원을 받았다고 말할 수 있는지 토의해 봅시다.

○ 하나님은 '구원에 합당한 삶'을 요구하신다

2. 예수 그리스도를 믿어 구원에 이르고, 하나님의 자녀가 된 우리에게 하나님이 요구하시는 것은 무엇입니까?

롬 6:16 _____

_____

_____

요 10:26-28 _____

_____

_____

_____

예수 그리스도를 믿음으로 구원을 받은 사람들은 하나님의 자녀
이며, 그리스도의 양입니다. 양은 언제나 목자의 음성을 듣고, 알
고, 따릅니다. 이처럼 믿음의 순종은 우리가 '그리스도의 종'임을
보여 주는 증표입니다. 하나님의 영이 그 속에 있는 그리스도인
들의 순종은 보이지 않는 '믿음'의 가시적 증거이며, 이를 선행으
로 착각해서는 안 됩니다.

### 3. '구원받은 믿음'에 합당한 순종의 삶이란 무엇입니까?

요 8:28 _____

_____

_____

요일5:1-3 _____

_____

_____

_____

_____

순종의 삶이란 하나님과 늘 함께 동행하면서 그분이 기뻐하시는 일을 행하는 삶입니다. '스스로 무엇인가를 하지 않는 것'이며 하나님의 말씀이 가르치시는 대로 말하며, 행동하는 것을 의미합니다.

> ○ 순종은 하나님의 뜻을 말과 행동으로 옮기는 삶이다

## 4. 천국은 어떤 사람들이 들어갈 수 있는 곳입니까?

마 7:21

약 2:17-18

---------------------------------------------------------------

---------------------------------------------------------------

믿는 자의 순종은 세상 사람들이 선행이라고 말하는 것과 결이 다
릅니다. 내가 보기에 착한 일, 하나님이 좋아하실 것 같은 행동을
하는 것이 아니라 하나님의 뜻인 말씀에 대한 답변으로서 지속적
인 행동의 상태입니다. 주 예수 그리스도의 생명이 말과 행동을
통해서 성령의 다스리심이 나타나고, 행동 하나 하나에 그리스도
의 인격과 삶의 흔적이 나타나는 것입니다. '하나님의 뜻대로 행
하는 것'은 '믿음으로 얻는 의'와 결코 충돌하지 않습니다.

## 5. 믿는 자는 어떻게 순종해야 합니까?

**롬 8:13-14** ----------------------------------------------------

---------------------------------------------------------------

---------------------------------------------------------------

**신 26:16** ------------------------------------------------------

하나님 나라에 들어갈 자격을 얻는 것과 하나님 나라의 삶을 사는 것은 동일한 것이 아닙니다. 예수님의 죽음과 부활을 믿어 하나님의 자녀가 되고, 천국에 들어갈 자격을 얻어 구원을 받았다면, 천국 시민답게 '빛의 자녀'로 살아야 합니다. 은혜로 구원을 받았다고 하여 '은혜를 더하기 위해 죄를 더 짓거나'(롬 6:15), '모든 것이 가하다'(고전 10:23), '이미 왕이 되었다'(고전 4:8), 한 번 죄를 고백하여 모든 죄를 사함 받았으니 더 이상 회개를 하지 않아도 된다는 생각을 가지고 내 마음대로 사는 것이 아니라 성령 안에서 하나님의 말씀에 대한 '순종의 종'으로 사는 것입니다. 하나님의 거룩한 백성은 하나님의 명령을 지켜 행하는 사람들입니다.

## ○ 순종은 '기도와 성령'을 통해 가능하며 약속된 축복이 있다

6. 예수님을 사랑하는 자들과 성령님, 기도하는 삶은 순종과 깊이 연결되어 있습니다. 어떻게 연결되는지 다음 성경구절을

읽고 설명해 보십시오.


히 5:7-9 ------------------------------------------------------------

------------------------------------------------------------------

------------------------------------------------------------------

------------------------------------------------------------------

------------------------------------------------------------------


요 14:14-16 ----------------------------------------------------------

------------------------------------------------------------------

------------------------------------------------------------------

------------------------------------------------------------------


그리스도의 사람들은 그 안에 성령이 거하시는 사람들입니다. 이 성령님은 보혜사로서 늘 우리와 함께 거하시면서 진리에 대하여 증거하며, 우리를 도우시는 분이십니다. 또한 우리가 기도하는 바를 말할 수 없는 탄식으로 중보하십니다. 그래서 예수님을 사랑하는 우리가 예수님의 계명을 지킬 수 있도록 도와주십니다.

그리스도의 사람, 하나님의 종들은 그 안에 성령님이 거하시는 사람들이며, 예수 그리스도를 사랑하는 자들이 예수님의 계명을 지켜 순종합니다. 그러므로 순종할 수 있도록 성령님을 구하며, 기도하는 삶을 살아야 합니다.

**7. 순종을 통한 선행이 구원을 가져오는 것은 아니지만, 많은 축복이 약속되어 있습니다. 그것이 무엇입니까?**

신 10:13 ........................................................................

........................................................................

신 26:19 ........................................................................

........................................................................

........................................................................

순종은 우리의 행복을 위한 것입니다. 순종이 때로는 우리에게 고통을 주는 것처럼 보일 때가 있지만, 그럼에도 불구하고 순종하는 것이 행복으로 가는 길이 됩니다. 하나님은 순종하는 자들을 모든 민족 위에 뛰어나게 하시며, 찬송과 명예와 영광을 삼으시고, 하나님의 거룩한 백성이 되게 하십니다.

### 핵심 포인트

'믿음으로 의롭다 하심을 얻었다'는 '이신칭의'의 교리는 인간 편에서의 노력이나 공로, 선행, 어떤 선함이 전혀 불필요하다는 의미가 아닙니다. '생명의 구원'은 하나님의 전적인 은혜에 의한 것이기 때문에 구원받기 위해 다른 조건이 불필요하다는 뜻입니다. 하지만, 구원받은 자의 삶에서 '믿음의 순종'을 통한 선행은 새 사람의 생활 법칙입니다. 구원은 하나님이 통치하시는 하나님 나라에서 살아가는 지속적 삶입니다. 여기서 요구되는 것은 하나님의 주권과 통치에 대한 철저한 순종이며, 하나님의 통치는 그런 순종을 통해 실현됩니다. 우리는 "뜻이 하늘에서 이루어진 것같이 땅에서도 이루어지이다" 하고 기도합니다. 하나님의 뜻이 이루어지는 그곳이 바로 하나님의 나라입니다.

### 한 주간 기도

죄인 되었던 우리가 예수님을 믿음으로 죄를 용서해 주시고, 의롭다 인정하여 주신 것을 감사합니다. 우리가 일평생 동안 믿음을 지켜, 의로운 재판장이신 우리 하나님에게서 의의 면류관을 받게 하소서.

### 한 주간의 실천

| 말씀의 거울로 본 나의 삶 | 월 | 화 | 수 | 목 | 금 | 토 | 주일 |
|---|---|---|---|---|---|---|---|
| 1. 주신 말씀 중에서 오늘 순종해야 할 바를 발견했는가? | | | | | | | |
| 2. 그리스도의 영이 내 안에 계시는 삶을 살았는가? | | | | | | | |
| 3. 말씀에 순종할 힘을 얻기 위해 기도했는가? | | | | | | | |
| 4. 순종해야 할 말씀을 받았을 때 즉각적으로 순종했는가? | | | | | | | |
| 5. 말씀에 순종할 수 없는 장애물을 기술하고, 어떻게 극복했는지 써 보자. | | | | | | | |

# 4 세상을 이기는 믿음

## 핵심 성경구절

"무릇 하나님께로부터 난 자마다 세상을 이기느니라 세상을 이기는 승리는 이것이니 우리의 믿음이니라 예수께서 하나님의 아들이심을 믿는 자가 아니면 세상을 이기는 자가 누구냐"(요일 5:4-5).

'오직 믿음'은 구원의 방편일 뿐만 아니라 영적 생명력을 부여합니다. 믿음의 역사가 힘 있게 일어날 때 세상을 이기는 믿음이 주어지게 됩니다. 세상을 이기는 믿음을 소유하기 위해 먼저 예수님을 그리스도로 바로 알아야 합니다(요일 5:1). 예수님은 분명히 육체로 오셨고 십자가에서 피 흘려 죽으셨습니다. 우리의 죄 때문입니다. 그것이 바로 하나님의 사랑입니다. 세상을 이기신 예수님의 십자가 사랑, 곧 사랑의 복음입니다. 하나님의 아들이 죽어서 나에게 영원한 생명을 주신 생명의 복음입니다. 이것을 믿을 때 우리 안에 생명이 있게 됩니다. 세상을 이기는 믿음은 나는 죽고 예수님이 살게 하는 믿음입니다. 우리는 끊임없이 '나'라는 육의 존재를 쳐서 복종시켜야 합니다. 기도의 무릎을 꿇어야 합니다. '믿음은 우리가 하나님으로부터 칭의와 구원을 얻는 수단일 뿐만 아니라, 또한 병 고침과 기적을 체험하는 통로가 되어 세상을 이긴다'는 것을 강조합니다.

– 『개혁주의생명신학 선언문』 90-91.

## ○ 52대 미스 아메리카에게 일어난 믿음의 기적

1980년도 미스 아메리카로 선발된 세릴 프레윗(Cheryl Prewitt)은 어릴 적 사고로 한쪽 다리를 저는 장애인이었습니다. 11세 때 아버지와 함께 자동차를 타고 가다가 사고를 당했습니다. 몸이 앞 유리창으로 튕겨 나가 등과 왼쪽 다리가 부러졌던 그녀는 얼굴은 찢어져서 100바늘이 넘게 꿰매야 했습니다. 의사는 부모들에게 그녀가 다시는 걸을 수 없을 것이라고 했습니다. 치아는 비뚤어졌고, 다친 왼쪽다리는 봉합 수술을 받고 4개월 동안 휠체어를 타고 다녔습니다. 그런데 다친 왼쪽 다리의 발육이 정지되면서 오른쪽 다리보다 2인치나 짧은 절름발이가 되고 말았습니다.

이런 시련 때문일까요? 그녀는 훌륭한 믿음의 사람으로 성장하였습니다. 사춘기 때에도 그녀는 성경말씀을 스폰지처럼 받아들였고, 로마서 말씀을 듣고 예수님이 자기를 위해 죽으셨기에 자신도 예수님을 위해 살아야 한다고 생각했습니다. 그때 그녀는 늘 기도했습니다. "저는 미스 아메리카에 나가고 싶은데 이 짧은 다리로 어떻게 해야 하나요?"

그녀는 몇 달 전 의사로부터 불구된 다리로 인한 불균형 때문에 아이를 낳지 못할 것이란 말을 들었던 터라 1974년 10월 21일 잭슨빌에서 열린 치유 부흥회에 참석하여 하나님께 자신의 다리를 낫게 해 달라고 온 마음을 쏟아 기도했습니다. 열심히 기도하던 중 갑자기 그녀는 왼쪽 다리가 쭉쭉 늘어나는 것을 느꼈습니다. 그래서 용기를 내어 일어나 걸어 보았습니다. 기적이 일어났습니다. 2인치나 짧던 왼쪽 다리가 오른쪽과 똑같아졌습니다. 그리고 마침내 그녀는 미스 미시시피를 거쳐, 1980년 52대 미스 아메리카로 당선되었습니다. [Hall, Carla. 워싱톤포스트 5-27-1980.]

1. 다음 성경을 읽고 믿음과 능력의 관계를 설명해 보십시오.

행 3:16 ┄┄┄┄┄┄┄┄┄┄┄┄┄┄┄┄┄┄┄┄┄┄┄┄┄┄┄┄┄┄┄┄┄┄

┄┄┄┄┄┄┄┄┄┄┄┄┄┄┄┄┄┄┄┄┄┄┄┄┄┄┄┄┄┄┄┄┄┄┄┄┄┄┄

┄┄┄┄┄┄┄┄┄┄┄┄┄┄┄┄┄┄┄┄┄┄┄┄┄┄┄┄┄┄┄┄┄┄┄┄┄┄┄

나면서부터 앉은뱅이로 살아가던 40대 남성은 성전 입구에서 구걸을 하며 살아가다가, 기도하러 올라가던 베드로와 요한을 만나게 됩니다. 그때 베드로와 요한은 돈을 구걸하던 그를 나사렛 예수 그리스도의 능력으로 일어나 걷게 하였습니다. 예수님은 믿으면 능치 못함이 없으며, 이런 능력 있는 믿음, 세상을 이기는 믿음은 기도하는 사람을 통해 역사합니다.

## ○ 믿음은 각자 분량이 있다

2. 작은 믿음은 어떤 믿음이며, 이 믿음을 가졌을 때 어떤 일이 일어납니까?

**마 8:26-27** _____
_____
_____
_____

**마 16:8** _____
_____

예수님이 주이시며, 그리스도라는 믿음이 작으면 어떤 일들이 벌어질까요? 성경은 다양한 경우를 우리에게 보여 줍니다. 믿음이 작으면 주변 환경에 대한 두려움이 생기며, 그로 인하여 의심이 생겨납니다(마 14:31-33). 믿음이 작으면 먹을 것이 없는 것 때문에 논의가 생겨나며, 말씀을 왜곡하여 듣게 됩니다. 믿음이 작으면 작은 자들을 실족하게 만들며 용서하지 않고(눅 17:1-6), 믿음의 주님이시고 우리를 온전케 하시는 그리스도 예수님의 마음을 아프게 합니다(마 17:17). 그리고 능력 있는 신앙생활을 할 수 없게 됩니다(마 17:20). 믿음이 작을 때 우리의 신앙생활에는 다양한 부정적 현상이 나타나게 됩니다.

**3. 큰 믿음은 어떤 믿음이며, 이 믿음을 가졌을 때 어떤 일이 일어
납니까?**

마 8:13 ----------------------------------------------------------

----------------------------------------------------------

마 15:28 ----------------------------------------------------------

----------------------------------------------------------

우리의 믿음은 그리스도의 능력, 곧 그리스도께서 우리를 위해 이
루시고, 행하고 계시며, 앞으로 행하실 일을 믿는 것입니다. 이런
믿음은 모두 주는 그리스도요 하나님의 아들이라는 것과 십자가
사랑이 근간이 되며, 예수 생명이 내 안에 있을 때 강한 믿음을 갖
게 됩니다. 우리가 큰 믿음을 가질 때 우리의 기도의 소원이 이루
어지며, 천국을 차지하게 됩니다. 작은 믿음도 큰 믿음도 구원에
이르는 믿음인 것은 맞지만 능력에는 차이가 있습니다. 약한 믿
음은 신앙생활을 하면서도 늘 의심하고, 세상과 환경을 두려워하
며 말씀을 왜곡하지만, 강한 믿음은 기도의 소원을 이루며 능력

있는 신앙생활을 하게 됩니다.

## ○ 믿음은 세상을 이긴다

### 4. 세상을 이길 수 있는 믿음이 무엇입니까?

히 11:33 ----------------------------------------------------------------

----------------------------------------------------------------

요일 5:4 ----------------------------------------------------------------

----------------------------------------------------------------

세상을 이길 수 있는 믿음은, 예수님을 주요 그리스도로 믿어 내 안에 예수님의 생명을 갖는 것이며, 나는 죽고 예수님께서 내 안에 살아계실 때 나타납니다. 이런 강한 믿음으로 무릎을 꿇는 기도와 생명의 말씀이 나를 지배하도록 육을 쳐서 복종시킬 때 세상을 이길 수 있는 능력 있는 그리스도인이 됩니다.

5. 믿음을 가진 사람은 어떻게, 왜 세상을 이길 수 있는지 다음
   말씀 속에서 다양한 관점을 찾아보십시오.

히 11:38-40

요일 5:5

세상을 이길 수 있는 힘은 강한 믿음입니다. 그리고 믿음으로 세
상을 이길 수 있는 것은 그들이 받을 더 좋은 것에 대한 약속 때
문입니다. 그들에게 '세상은 약속받은 것보다 무가치하였기에'(히
11:38) 광야와 산, 동굴, 토굴에 유리하며 다양한 핍박과 박해도
견디고 이길 수 있었습니다. 예수께서 하나님의 아들이심을 믿는
믿음은 세상을 이깁니다.

## ◦ 세상을 이기는 믿음은 기도와 축복을 통해서 온다

**6. 믿음의 능력을 나타내는 사람들은 어떤 점에서 다른 사람들과 구별됩니까?**

**약 5:15**

--------

**렘 29:12-13**

--------

--------

　믿음의 능력은 기도하는 자를 통해 역사합니다. 기도할 때 치유의 역사가 일어나며, 귀신이 쫓겨나며, 평안과 미래와 희망을 줍니다. 또한 죄에서 용서함을 받습니다. 그러므로 부르짖는 기도에 힘쓰며, 여호와께서 일하시며 우리를 기억하시도록 쉬지 않고 기도해야 합니다.

## 7. 믿음의 능력은 어디에서 나오며, 무엇을 위해 나타납니까?

행 3:16 _____

_____

_____

행 14:15 _____

_____

_____

_____

사도들이 구원받을 만한 능력을 통해 혹은 그들의 기도를 통해 능력을 나타내는 것은 그들에게서 오는 능력이 아니라 복음, 곧 예수 그리스도를 믿는 믿음을 통해 하나님이 주시는 축복입니다. 이를 통해 사람들을 하나님께 돌아오게 하시려는 하나님의 계획 때문임을 잊지 않는 것이 믿음의 능력을 대하는 우리들의 바른 태도입니다.

# week
## 04 세상을 이기는 믿음

## NOTE

---

---

---

---

---

---

---

---

---

---

---

---

---

---

---

---

**핵심 포인트**

'오직 믿음'은 구원의 방편일 뿐만 아니라 말할 수 없는 영적 생명력을 부여합니다. 생명의 복음을 믿을 때 우리 안에 예수님의 생명이 있게 되는데, 이 예수님의 생명이 있어야 오직 믿음으로 그 십자가의 사랑으로 세상을 이길 수 있습니다. 학문적이나 지식적으로 하나님을 알고, 예수님에 대하여 배운 믿음으로는 세상을 이기지 못합니다. 믿음은 말로만 하는 것이 아닙니다. 오직 믿음은 하나님이 하신 말씀을 이루신다고 확신하는 것입니다.

**한 주간 기도**

예수 그리스도를 나의 주님이시요 나의 하나님으로 믿고 고백하게 하신 것을 감사합니다. 쉬지 않는 열심 있는 기도를 통해 믿음의 능력이 나타나게 하소서.

## 한 주간의 실천

| 말씀의 거울로 본 나의 삶 | 월 | 화 | 수 | 목 | 금 | 토 | 주일 |
|---|---|---|---|---|---|---|---|
| 1. 삶 속에서 믿음의 능력을 나타냈는가? | | | | | | | |
| 2. 하나님이 내 대신 일하시도록 쉬지 않고 기도했는가? | | | | | | | |
| 3. 믿음에서 오는 복음의 능력이 내 삶에 나타났는가? | | | | | | | |
| 4. 예수가 나의 주님이심을 삶에서 어떻게 고백하고 순종했는가? | | | | | | | |
| 5. 삶의 부정적 상황을 기술하고 강한 믿음이라면 이 상황을 어떻게 대처할지 써 보자. | | | | | | | |

3. 오직 믿음

# 순종하는 믿음과 기도

종교개혁시대 '오직 믿음'은 인간의 공로가 전혀 포함되지 않고, 오직 믿음으로만 의롭게 된다는 성경의 진리를 드러낸 것입니다. '선언문'에서는 믿음이라는 것이 그리스도께서 이루신 일을 받아들이는 것뿐이 아니라, 실제적인 삶이어야 한다는 점을 강조합니다. 참된 믿음은 순종을 동반한다는 사실을 강조하지 않으면 자칫 '오직 믿음'을 악용할 가능성이 있습니다. 그러나 참된 믿음은 반드시 순종을 동반합니다. 또한 믿음은 기도와 깊은 관련이 있습니다. 기도할 때 믿음이 깊어지고, 신앙생활의 모든 유익이 믿음의 기도를 통하여 주어집니다. 이때 우리는 세상을 이기는 믿음을 소유한 그리스도인이 됩니다.

'오직 믿음'(sola fide)은 구원교리의 핵심인 '오직 예수 그리스도를 믿음으로 의롭게 된다'는 '이신칭의'를 대변하는 말입니다. 16세기 종교개혁자 루터와 칼빈은 인간이 구원받기 위해 '예수 그리스도에 대한 믿음 외에 선행도 필요하다'는 당대 중세교회의 주장에 반대했습니다. 루터는 이 교리를 '교회가 서기도 하고 넘어지게도 하는' 가장 중요한 교리로 보았습니다.

## 1. 인간은 오직 그리스도의 대속을 믿음으로써 구원받는다

성경은 모든 사람이 "오직 믿음으로 의롭게 된다", 혹은 "오직 믿음으로 구원받는다"고 선언합니다. 이 선언은 인간이 전적으로 타락했기에 그리스도의 대속을 믿을 때에만 구원받을 수 있다는 뜻입니다. 전적으로 부패한 우리는 하나님의 엄중한 심판 아래에 있으며 스스로 의와 구원에 이를 수 없습니다.

로마서 3장 10절은 "의인은 없나니 하나도 없다"고 말씀하며, 로마서 3장 23절은 "모든 사람이 죄를 범하였으매 하나님의 영광에 이르지 못하더니"라고 말씀합니다.

로마서 5장 12절은 "한 사람(아담)으로 말미암아 죄가 세상에 들어오고 죄로 말미암아 사망이 들어왔나니, 이와 같이 모든 사람이 죄를 지었으므로 사망이 모든 사람에게 이르렀느니라"고 말씀합니다. 영혼과 육체를 포함하여 모든 사람은 타락하여 무능한 죄인이 되었습니다. 로마서 6장 23절은 "죄의 삯은 사망이요"라고 말씀합니다. 우리는 죄의 값인 죽음과 하나님의 엄중한 심판 아래 있습니다.

인간은 타락했기에 우리 구원을 위해 어떤 일도 할 수 없습니다. 사랑과 자비가 풍성하신 하나님은 인간을 죄와 하나님의 심판으로부터 구원하시도록 예수 그리스도를 보내셨습니다. 갈라디아서 3장 13절은 "그리스도께서 우리를 위하여 저주를 받은바 되사 율법의 저주에서 우리를 속량하셨으니"라고 말씀합니다. 요한복음 3장 16절은 "하나님이 세상을 이처럼 사랑하사 독생자를 주셨으니 이는 그를 믿는 자마다 멸망하지 않고 영생을 얻게 하려 하심이라"고 말씀합니다.

그리스도는 십자가에서 우리 죄를 대신 담당하심으로 우리의 죄를 용서하시고 부활을 통해 우리를 의롭게 하시고 영생을 주셨습니다. 우리는 예수 그리스도를 믿을 때에만 구원받을 수 있습니다. 로마서 5장 10절은 "우리가 원수 되었을 때에, 그의 아들의 죽으심으로 말미암아 하나님과 화목하게 되었은즉, 화목하게 된 자로서는 더욱 그의 살아나심으로 말미암아 구원을 받을 것이니라"고 말씀합니다. 사도행전 4장 12절은 "다른 이로써는 구원을 받을 수 없나니, 천하 사람 중에 구원을 받을 만한 다른 이름을 우리에게 주신 일이 없음이라"고 말씀합니다. 오직 예수 그리스도만이 인류가 죄와 죽음과 심판에서 벗어날 수 있는 유일한 구원자이시며, 하나님과 인류를 화목하게 할 유일한 중보자입니다.

그러므로 '오직 믿음'이라는 고백은 우리가 모두 죄인이며, 하나님의 심판 아래 있다는 사실을 받아들이는 것입니다. 또한 이 고백은 예수 그리스도가 하나님께서 인류에게 주신 유일한 구원자이며 중보자인 사실을 알고, 그분만을 신뢰함으로 그분을 통해서 죄와 사망에서 벗어나 의와 구원에 이르려는 신실한 자세입니다. "네가 만일 네 입으로 예수를 주로 시인하며 또 하나님께서 그를 죽은 자 가운데서 살리신 것을 네 마음에 믿으면 구원을 받으리라"(롬 10:9).

이 말씀처럼 우리를 구원하기 위해 성육신하시고, 우리의 죄를 대신하여 십자가에서 죽음을 당하신 후 부활하신 예수 그리스도를 주로 고백해야 합니다. 또한 그를 믿음으로 하나님께서 예수 그리스도 안에서 이루신 구원 역사가 우리의 역사가 되도록 자신을 철저히 부정하고, 오직 예수 그리스도만을 의지하며 그를 영접하는 자세를 가져야 합니다(빌 2:6-11; 계 3:20). 그렇다면 이처럼 중요한 믿음을 우리는 어떻게 이해해야 합니까? 이 믿음은 과연 어디서부터 오는 것입니까?


## 2. 오직 믿음은 그리스도의 의(義)
   전가에 기초한다


칼빈은 '인간은 전적으로 부패한 죄인이며, 자신의 노력으로는 결코 죄 문제를 해결할 수 없고, 의로우신 하나님 앞에 설 수 없다. 그렇기 때문에 의와 구원을 위해서는 전적으로 그리스도의 의가 필요하다'고 보았습니다. 칼빈에 따르면 칭의는 하나님께서 예수 그리스도를 믿는 자에게 그리스도의 의를 전가함으로 그의 죄를 용서하시고, 그를 의인으로 선언하시는 하나님의 은혜로운 법적 행위입니다.

그는 『기독교강요』에서 다음과 같이 말합니다. "사람이 믿음에 의해 의롭게 된다는 것은 행위의 의를 배제하고, 믿음을 통해 그리스도의 의를 붙잡는 것이요, 그리스도의 의로 옷 입는 것이요, 하나님의 면전에서 죄인으로서가 아닌 의로운 사람으로 나타나는 것이다. 그러므로 우리는 칭의를 단순하게 말해서 하나님의 받으심, 곧 하나님께서 그의 은혜로 우리를 의로운 사람으로 영접하시는 것으로 설명하려고 한다. 이 칭의는 죄의 용서와 그리스도의 의의 전가로 이루어진다"(3.11.2).

모든 사람이 죄를 지어 하나님의 거룩과 공의의 심판 아래 있기 때문에, 사람 편에서의 문제 해결은 전적으로 불가능합니다(롬 3:23).

그래서 하나님께서 자신의 공의와 사랑을 동시에 충족시키기 위해 자신의 아들을 온전한 사람으로 세상에 보내셨습니다. 그리고 그에게 사람들의 죄를 전가시켜 그들을 대신하여 죽음을 당하게 하심으로 자신의 거룩과 공의를 나타내셨습니다.

그리스도는 완전한 순종과 희생을 통하여 우리 대신 죄에 대한 심판을 받으셨습니다. 그뿐만 아니라, 우리가 불순종하고 거역했던 모든 법을 우리 대신 온전하게 지키심으로, 우리를 위한 의를 마련하셨습니다. 예수 그리스도를 믿을 때 우리가 죄인임에도 불구하고, 예수 그리스도와 그의 사역이 성취한 의를 우리에게 돌려 우리를 의로운 자로 선언하십니다.

고린도후서 5장 21절은 "하나님께서 죄를 알지도 못하신 자[예수 그리스도]를 우리를 대신하여 죄로 삼으신 것은, 우리가 예수 그리스도 안에서 하나님의 의가 되도록 하기 위함"이라고 말씀합니다. 칼빈은 이 구절을 그리스도께서 우리의 죄를 대신하여 속죄 제물이 되심으로 그리스도의 의가 우리에게 전가됨을 보여 주는 결정적인 말씀이라고 보았습니다. 우리가 그리스도 안에서 하나님의 의가 되었다는 것은 그리스도의 의가 전가에 의해 우리에게 전달되기 때문입니다. 따라서 우리가 죄인임에도 불구하고 하나님 앞에서 의로운 자로 인정된다는 것입니다.

의의 근거는 우리가 믿는 믿음의 대상인 그리스도이고, 그리스도의 의를 우리의 의로 돌리시는 분은 하나님이십니다. 하나님은 우리의 믿음을 통하여 믿음의 대상을 우리의 것으로 돌리십니다. 구원은 전적으로 하나님의 의로우심이 우리에게 주시는 선물을 통해서 이루어지는 것입니다. 루터는 "의는 어디에 있는가? 우리 안에 없고 그리스도 안에 있다. 그것은 우리 밖, 하나님 안에 있다"고 말했습니다.

이것이 전가의 의미입니다. 비유를 들어 전가를 설명하자면 우리는 그리스도의 의의 옷이 입혀진 것입니다. 이 옷은 믿는 자의 모든 것을 가리는 옷입니다. 예수님의 혼인잔치 비유에 나오는 예복이 준비된 것입니다(마 22:11-14). 예복 없이는 들어갈 수 없는 왕의 잔치에 들어갈 수 있게 되었습니다. 이렇게 죄인들을 구원하심으로 하나님은 자신의 사랑을 나타내셨습니다. 따라서 종교개혁자들이 강조한 오직 믿음에 의한 그리스도의 의의 전가를 우리는 성경이 가르치는 중요한 교훈으로 알고 계속 고수해야 합니다.


## 3. 오직 믿음은 순종을 요청한다

성경은 사람이 율법의 행위로 의롭게 되는 것이 아니고, 오직 예수 그리스도를 믿음으로 의롭게 된다고 가르치고 있습니다.

"그러므로 사람이 의롭다 하심을 얻는 것은 율법의 행위에 있지
않고 믿음으로 되는 줄 우리가 인정하노라"(롬 3:28).
"사람이 의롭게 되는 것은 율법의 행위로 말미암음이 아니요 오
직 예수 그리스도를 믿음으로 말미암는 줄 알므로 우리도 그리
스도 예수를 믿나니 이는 우리가 율법의 행위로써가 아니고 그
리스도를 믿음으로써 의롭다 함을 얻으려 함이라 율법의 행위로
써는 의롭다 함을 얻을 육체가 없느니라"(갈 2:16).
"만일 아브라함이 행위로써 의롭다 하심을 받았으면 자랑할 것

이 있으려니와 하나님 앞에서는 없느니라 성경이 무엇을 말하느냐 아브라함이 하나님을 믿으매 그것이 그에게 의로 여겨진 바 되었느니라"(롬 4:2-3).

"그 안에서 발견되려 함이니 내가 가진 의는 율법에서 난 것이 아니요 오직 그리스도를 믿음으로 말미암은 것이니 곧 믿음으로 하나님께로부터 난 의라"(빌 3:9).

그러나 야고보서에 보면 우리가 믿음만이 아닌 행함으로 의롭다 하심을 받고 구원받는다고 분명하게 가르치고 있습니다. 예를 들면, 야고보서는 의와 구원에 있어서 믿음과 함께 행함도 반드시 필요하다는 사실을 강조하고 있습니다.

야고보서는 말하기를 "내 형제들아 만일 사람이 믿음이 있노라 하고 행함이 없으면 무슨 유익이 있으리요, 그 믿음이 능히 자기를 구원하겠느냐"(약 2:14), "사람아 행함이 없는 믿음이 헛것인 줄을 알고자 하느냐"(약 2:20), "사람이 행함으로 의롭다 하심을 받고 믿음으로만은 아니니라"(약 2:24)라고 합니다.

과연 바울과 야고보를 통해 증언된 하나님의 말씀은 서로 모순되는 것입니까? 의롭게 되고 구원 받음에 있어서, 믿음과 순종은 서로 대립관계입니까? 행함을 강조하는 예수님의 산상설교나 야고보의 가르침은 복음의 범주에 들어갈 수 없습니까? 우리는 성경 말씀이 믿음과 순종을 분리시킨다고 보지 않습니다. 그리고 바울 서신과 야고보서 사이에는 서로 조화될 수 없는 모순이 있다고 보지 않습니다. 사실 바울서신을 더 자세히 살펴보면, 이신칭의를 강조하는 로마서와 갈라디아서에서조차 행함이 단순히 믿음의 열매나 결과가 아닌, 오히려 믿음의 필수적인 요소임을 강조합니다.

순종과 행위, 제자도가 결여된 믿음은 성경이 가르치고 있는 참된 믿음이 아니고, 오히려 거짓된 믿음에 불과합니다. 믿음으로 의롭다 함을 받는다는 것은 다른 말로 하면 하나님의 은혜로 의롭다 함을 받는다는 것입니다. 성경은 죄인이 칭의를 받는 것은 행위의 공로에 의해서가 아니라 하나님의 은혜에 의해서라고 분명하게 말씀합니다. 하지만 이것은 우리가 은혜로 '의롭다' 함을 받았으니 마음대로 죄를 지어도 된다는 뜻이 아닙니다. 로마서 6장 15절은 "우리가 법 아래에 있지 아니하고 은혜 아래에 있으니 죄를 지으리요 그럴 수 없느니라"고 말씀합니다.

로마서 6장 16절은 "너희 자신을 종으로 내주어 누구에게 순종하든지 그 순종함을 받는 자의 종이 되는 줄을 너희가 알지 못하느냐 혹은 죄의 종으로 사망에 이르고 혹은 순종의 종으로 의에 이르느니라"고 말씀하면서 믿는 자가 죄를 지을 수 없는 이유를 설명합니다. 믿는 자가 '죄의 종'으로 살면 그 결과는 죽음입니다. 그러기에 은혜를 내세워 습관적으로 죄를 짓는 불순종의 삶을 살아서는 안 됩니다. 믿는 자는 전에는 죄의 종이었으나 이제는 순종을 통해 죄에서 해방되어 의의 종이 된 자입니다(롬 6:17-18). 과거에는 그가 몸의 지체를 부정과 불법의 종으로 드려 불법에 이른 자였지만, 이제는 몸의 지체를 의의 종으로 드려 거룩함에 이르러야 합니다. 그는 하나님께 종이 되어 거룩함에 이르는 열매를 맺어야 합니다(롬 6:22).

구원이 우리의 어떤 공로나 자격 때문이 아니라 '오직 믿음'으로 우리에게 주어진 것이기에 우리의 삶 속에서 반드시 순종의 열매가 있어야 합니다. 우리가 믿음으로 받은 구원은 행함을 수반합니다. 개혁주의생명신학은 "행함이 없는 믿음은 죽은 믿음"(약 2:17)임을 강조합니다. 결국 우리가 그리스도의 생명을 소유하고 있다는 것은 두 가지를 통해 드러나야 합니다. 즉 예수 그리스도의 생명은 말과 행동을 통해서 나타나야 합니다. 우리는 우리의 언어생활 가운데 성령의 다스리심이 나타나고 행동 하나하나에 그리스도의 인격과 삶의 흔적이 나타나기를 힘써야 합니다. 우리의 행함이 구원의 그 어떤 근거나 자격 요건이 되어서는 안 되지만, 그 믿음은 반드시 행함을 수반해야 합니다. 그런 의미에서 개혁주의생명신학은 예수 그리스도의 생명을 우리의 삶 가운데 나타내고자 하는 실천운동입니다.

우리는 개혁주의생명신학을 통하여 우리가 구원받는 것도 '오직 믿음'으로 되는 것이며, 구원받은 이후 우리의 변화된 삶도 믿음과 성령을 떠나서 이루어질 수 없음을 믿습니다. '오직 믿음'으로 구원을 얻는다고 하면서도 우리가 성령 안에서 하나님을 전적으로 신뢰하지 않는다면, 그것은 하나의 신념이 되고 말 것입니다.

우리는 갈라디아 교인들처럼 "성령으로 시작하였다가 육체로 마치지"(갈 3:3) 않도록 조심해야 합니다. 실천의 주된 힘과 동력은 우리 자신에게서 나오는 것이 아니라 오직 우리 안에 거하시는 성령의 도우심과 능력 가운데서 나오는 것이어야 합니다. 이런 성령의 도우심과 능력을 덧입기 위하여 우리는 기도운동과 성령운동에 힘써야 합니다. 개혁주의생명신학은 무릎의 신학이요 가슴의 신학입니다. 우리는 "기도 외에 다른 것으로는 이런 종류가 나갈 수 없느니라"(막 9:29)는 우리 주님의 말씀을 기억하며 더욱 힘써 기도하며 이 실천운동을 감당해야 합니다.


## 4. 오직 믿음은 기도와 축복으로
    세상을 이기게 한다


예수님께서는 백부장의 믿음을 보시고 중풍병으로 고생하는 백부장 하인의 병을 낫게 하였습니다(마 8:5-10). 예수님은 침상에 누운 중풍병자를 데리고 온 네 사람들의 믿음을 보시고 그에게 사죄와 건강의 축복을 주셨으며(마 9:1-8), 예수님의 겉옷만을 만져도 자신의 병이 낫게 될 것이라는 여자의 믿음을 보시고 혈류증을 낫게 하셨습니다(마 9:20-22). 여리고 성의 거지 맹인 바디매오는 예수님을 향한 믿음 때문에 눈을 뜨게 되었고 예수님을 따랐습니다(막 10:46-52).

예수님은 딸이 죽은 회당장을 향해 "두려워하지 말고 믿기만 하라 그리하면 딸이 구원을 얻으리라"(눅 8:50) 하면서 죽은 딸을 살리셨습니다. 심지어 이방여인인 가나안 여인도 믿음 때문에 흉악한 귀신 들린 딸이 나음을 얻었습니다(마 7:25-30). 오빠 나사로가 죽어 슬퍼하는 마르다를 향해 예수님은 "나는 부활이요 생명이니…이것을 네가 믿느냐"라고 물으시고, "주여 그러하외다…내가 믿나이다"라고 할 때 죽은 나사로를 살리셨습니다(요 11:1-44).

반면에 예수님은 간질 들린 자를 고치지 못한 제자들을 향해 너희 믿음이 적다고 하시면서 "만일 너희에게 믿음이 겨자씨 한 알만큼만 있어도 이 산을 향하여 여기서 저기로 옮겨지라 하면 옮겨질 것이요 또 너희가 못할 것이 없으리라"(마 17:20)고 말씀하셨습니다. 계속해서 예수님은 제자들을 향해 "만일 너희가 믿음이 있고 의심하지 아니하면…이 산더러 들려 바다에 던져지라 하여도 될 것이요 너희가 기도할 때에 무엇이든지 믿고 구하는 것은 다 받으리라"(마 21:21-22)고 말씀하셨습니다. 이처럼 올바른 믿음은 의와 구원을 가져올 뿐만 아니라, 병 고침과 기적과 같은 하나님의 축복의 통로임을 강조하고 있습니다.

사도들이 기도할 때 하나님께서 치유의 기적을 베푸셨습니다. 베드로와 요한이 오후 3시 기도시간에 성전으로 올라가다가 성전 미문에 앉아 구걸하는 한 사람을 만났습니다. 그는 나면서부터 걷지 못한 사람이었습니다. 그가 베드로와 요한에게 구걸하였습니다. 이때 베드로가 그에게 "우리를 보라" 하고, 자기를 쳐다보는 그를 향해 말했습니다. "은과 금은 내게 없거니와 내게 있는 이것을 네게 주노니 나사렛 예수 그리스도의 이름으로 일어나 걸으라"(행 3:6) 하고 그의 오른손을 잡아 일으켰습니다. 그러자 그의 발과 발목이 곧 힘을 얻고 뛰어 서서 걸으며 그들과 함께 성전으로 들어가면서 하나님을 찬송했습니다(행 3:1-8).

중요한 것은 베드로와 요한이 기도하러 성전에 올라가는 중이었다는 사실입니다. 하나님은 기도시간을 정하고 실행하는 자를 통해 기적을 베푸십니다. 베드로가 나사렛 예수 그리스도의 이름을 부르며 거지를 일으켜 세운 것은 믿음의 기도로 기적을 행한 것입니다. 유대인들은 이 기적을 보고 놀라며 의아해하였습니다. 그때 베드로가 말하였습니다. "그 이름을 믿으므로 그 이름이 너희가 보고 아는 이 사람을 온전하게 하였나니 예수로 말미암아 난 믿음이 너희 모든 사람 앞에서 이같이 완전히 낫게 하였느니라"(행 3:16). 믿음과 기도는 치유의 필수 요소입니다. 믿음과 기도가 있는 곳에 능력이 나타납니다.

루스드라에서도 치유의 능력이 나타났습니다. 사도 바울은 발을 쓰지 못하는 한 장애인이 앉아서 자기가 전하는 말을 경청하는 것을 보았습니다. 바울은 그에게 구원받을 만한 믿음이 있는 것을 보았습니다. "바울이 말하는 것을 듣거늘 바울이 주목하여 구원 받을 만한 믿음이 그에게 있는 것을 보고"(행 14:9). 바울은 그를 향해 큰 소리로 외쳤습니다. "네 발로 바로 일어서라." 그때 하나님의 능력이 나타나고, 그가 즉석에서 일어나 걷게 되었습니다(행 14:10). 오늘날도 주의

영은 믿음 있는 자에게 찾아오시고 치유의 능력을 나타내십니다. 성경은 "믿음의 기도는 병든 자를 구원하리니 주께서 그를 일으키시리라"(약 5:15)고 말합니다. 그리고 성경은 "오직 믿음으로 구하고 조금도 의심하지 말라"(약 1:6)고 말씀합니다.

믿음의 장인 히브리서 11장은 믿음의 실체를 보여 줍니다. 아벨, 에녹, 아브라함, 사라, 이삭, 야곱, 요셉, 모세, 여호수아, 기드온, 다윗, 사무엘 등의 선지자들은 다 믿음으로 살아 증거를 받은 믿음의 사람들임을 강조합니다. 누구든지 "믿음이 없이는 하나님을 기쁘시게 하지 못하나니 하나님께 나아가는 자는 반드시 그가 계신 것과 또한 자기를 찾는 자들에게 상 주시는 이심을 믿어야"(히 11:6) 한다고 말씀합니다.

참된 믿음은 반드시 자라납니다. 육체가 성장하는 것처럼 이 믿음도 계속 성장할 수 있고 더 깊어질 수 있습니다. 그래서 성경은 성도들의 믿음이 계속 자라가기를 간구하며(고후 10:15), 성도들의 자랑스러운 믿음의 역사를 칭찬합니다(살전 1:3-8).

'오직 믿음'은 구원의 방편일 뿐만 아니라 나아가 말할 수 없는 영적 생명력을 부여합니다. 믿음의 역사가 힘 있게 일어날 때 세상을 이기는 믿음이 주어지게 됩니다. 세상을 이기는 믿음을 소유하기 위해 먼저 예수님을 그리스도로 바로 알아야 합니다(요일 5:1). 예수님께서는 분명히 육체로 오셨고 십자가에서 피 흘려 죽으셨습니다. 우리의 죄 때문입니다. 그것이 바로 하나님의 사랑입니다. 세상을 이기신 예수님의 십자가 사랑입니다. 십자가의 복음이 하나님의 사랑의 복음입니다. 하나님의 아들이 죽어서 나에게 영원한 생명을 주신 생명의 복음입니다. 이것을 믿을 때 우리 안에 생명이 있게 됩니다. 그 예수님의 생명이 있어야 그 십자가의 사랑으로 우리가 세상을 이길 수 있습니다.

신학은 학문이 아닙니다! 지식만으로만 하나님을 알고 예수님에 대해 배운 그런 믿음으로는 결단코 세상을 이기지 못합니다. 믿음은 말과 혀로만 하는 것이 아닙니다. 하나님은 우리를 말과 혀로만 사랑하지 않으셨습니다. 그 아들을 육체로 보내셨습니다. 죄 없으신 하나님께서 친히 십자가에 달려 피를 다 쏟으셨습니다.

세상을 이기는 믿음은 나는 죽고 예수님이 살게 하는 믿음입니다. 우리는 끊임없이 '나'라는 육의 존재를 쳐서 복종시켜야 합니다. 기도의 무릎을 꿇어야 합니다. 나는 죽고 예수님의 말씀이 나를 지배하고, 성령께서 나를 지배하시도록 내 육의 생각을 십자가에 못 박아 죽여야 합니다. 그래야 예수님의 계명대로 우리가 서로 사랑하여 십자가의 승리를 맛보고 세상을 이기게 됩니다. 세상을 이기는 믿음이 종교개혁 500주년을 맞이하는 한국교회에 절실히 요청됩니다.

이처럼 성경에서 '믿음은 우리가 하나님으로부터 칭의와 구원을 얻는 수단일 뿐만 아니라, 또한 병 고침과 기적을 체험하는 통로가 되어 세상을 이긴다'는 것을 강조합니다. 실로 "믿음은 바라는 것들의 실상이요 보이지 않는 것들의 증거"(히 11:1)입니다. 믿는 것은 하나님께서 말씀하신 것을 이루실 것을 확신하는 것입니다. 하나님의 약속을 신뢰하고 그 약속이 주는 혜택을 누리는 것이 믿음입니다. 그러므로 우리의 구원도 '오직 믿음'으로, 우리의 남은 생애도 '오직 믿음'으로 살아가야 합니다.

# NOTE

# NOTE

5대솔라 성경공부 3
개혁주의생명신학 선언문
오직 믿음